Género Ficción r

Pregunta esencial
¿Qué sonidos escuchas?
¿De dónde vienen?

Camino al campo

Amy Helfer

ilustrado por Cary Pillo

Capítulo I

Sonidos de la ciudad

¡Hola! Me llamo Katrina. Vivo en el centro de la ciudad y me encanta.

Me gusta escuchar las bocinas, las sirenas y las voces de la gente.

2

Mi mamá dice que son estruendos espantosos, pero a mí me gustan.

Mi mamá y yo fuimos al campo a visitar a una amiga suya. Son amigas desde niñas. Pero no se habían visto en mucho tiempo.

El camino fue largo y tranquilo.

—Esto no parece el campo. ¿Dónde están las vacas? —dije.

A la entrada de una casita nos recibió Estrella, la amiga de mamá.

—Espero que no hayan cenado. ¿Cenamos juntas? —dijo Estrella.

La cena fue larga y estaba muy rica. Y el postre estuvo fabuloso: helado de chocolate, mi favorito.

Pero había algo que no entendía. Yo esperaba oír tractores y vacas, pero durante toda la noche, solo oí el sonido de los truenos. De repente escuché un sonido raro.

No sabía qué era aquel sonido, pero iba a investigarlo.

Capítulo 2

Ruidos extraños

En la mañana me despertaron unos ruidos. Salté de la cama y miré por la ventana.

¡Pronto lo entendí todo!

Las gallinas cacareaban: *cloc, cloc, cloc*. Las abejas zumbaban: <u>*bzzzzz*</u>.

Mi mamá y Estrella trabajaban tranquilas en el huerto. Entonces escuché otra vez ese sonido gracioso. *Beee, beee.* ¿Qué era?

Detective del lenguaje	<u>Bzzzzz</u> es una onomatopeya. Busca otra en esta página.

Mamá y Estrella me llamaron.

—Katrina, mira estos betabeles. ¡Son enormes! —me dijo mamá.

—¡Ya bajo! —les dije, y bajé corriendo las escaleras.

Ayudé a mamá y a Estrella a recoger zanahorias, betabeles y coles.

Nuevamente escuché ese sonido raro.

—¿Qué es eso? —pregunté.

—Ven y lo verás —respondió Estrella—. Y trae las cubetas.

Capítulo 3

Misterio resuelto

—Saluda a Trombón y Trompeta. Ellas me avisan de esa manera que hay que ordeñarlas —dijo Estrella.

—¿Las cabras dan leche? —pregunté.

—¡Claro! Ayer bebiste tres vasos. Se ve que te gustó —me dijo Estrella y se rio.

10

Estrella me dijo que mi mamá y yo podíamos tratar de hacer queso.

—Pero nosotras no sabemos hacer queso —le dije.

—Es verdad. ¡Pero están aquí para aprender! —contestó Estrella.

| Detective del lenguaje | ¿A quién se refiere el pronombre nosotras? |

Respuesta a la lectura

Volver a contar

Vuelve a contar *Camino al campo* con tus propias palabras.

Evidencia en el texto

1. Mira la página 7. ¿Qué problema tiene Katrina? Problema y solución

2. Mira la página 10. ¿Cómo se soluciona el problema de Katrina?
   Problema y solución

3. ¿Cómo sabes que *Camino al campo* es un cuento de ficción realista? Género

Compara los textos

Lee para aprender a hacer un palo de lluvia.

Haz un palo de lluvia

Sigue las instrucciones para hacer un palo de lluvia.

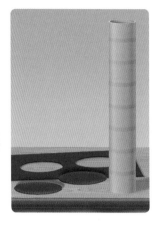

Paso 1 Toma un tubo de cartón. Corta dos círculos de cartulina. Los círculos deben ser más grandes que los extremos del tubo.

Paso 2 Tapa uno de los extremos del tubo con un círculo de cartulina. Fíjalo con cinta adhesiva.

Paso 3 Toma una tira de papel de aluminio. La tira debe ser más larga que el tubo de cartón. Aprieta y retuerce el papel hasta darle forma de espiral.

Paso 4 Introduce la espiral de aluminio en el tubo de cartón. Luego, añade unos granos de arroz o maíz.

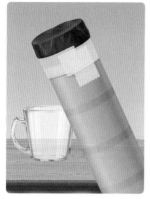

Paso 5 Tapa el otro extremo del tubo. Asegúrate de que los dos extremos queden bien tapados. Decora tu palo de lluvia a tu gusto.

Paso 6 Toma tu palo de lluvia por el medio. Dalo vuelta de un lado a otro para escuchar el sonido de la lluvia.

 Haz conexiones

¿Cómo se producen los sonidos en ambas selecciones? El texto y otros textos

Enfoque:
Ciencias

Propósito Clasificar sonidos

Paso a paso

Paso 1 ▶ Piensa en sonidos que escuchas dentro y fuera de tu casa.

Paso 2 ▶ Haz una tabla como esta.

Sonidos suaves	Sonidos fuertes

Paso 3 ▶ Escribe tres sonidos suaves y tres sonidos fuertes.

Conclusión ¿Cuál es tu sonido favorito? ¿Por qué?